广东省公路学会团体标准

高速公路改扩建工程交通组织设计规范

Design specification for traffic organization of expressway reconstruction and expansion project

T/GDHS 007—2023

主编单位:广东省高速公路有限公司
中交第二公路勘察设计研究院有限公司
武汉中交交通工程有限责任公司
保利长大工程有限公司
北京华路安交通科技有限公司
发布机构:广东省公路学会
实施日期:2023 年 04 月 17 日

人民交通出版社

北 京

图书在版编目(CIP)数据

高速公路改扩建工程交通组织设计规范 / 广东省高速公路有限公司等主编. — 北京 : 人民交通出版社股份有限公司, 2025. 1. — ISBN 978-7-114-20212-4

Ⅰ. U418.8-65

中国国家版本馆 CIP 数据核字第 2025556PY2 号

标准类型: 团体标准
标准名称: 高速公路改扩建工程交通组织设计规范
标准编号: T/GDHS 007—2023
主编单位: 广东省高速公路有限公司
中交第二公路勘察设计研究院有限公司
武汉中交交通工程有限责任公司
保利长大工程有限公司
北京华路安交通科技有限公司
责任编辑: 朱明周
责任校对: 赵媛媛
责任印制: 张 凯
出版发行: 人民交通出版社
地　　址: (100011)北京市朝阳区安定门外外馆斜街 3 号
网　　址: http://www.ccpcl.com.cn
销售电话: (010)85285857
总 经 销: 人民交通出版社发行部
经　　销: 各地新华书店
印　　刷: 北京科印技术咨询服务有限公司数码印刷分部
开　　本: 880×1230　1/16
印　　张: 2.5
字　　数: 66 千
版　　次: 2025 年 1 月　第 1 版
印　　次: 2025 年 1 月　第 1 次印刷
书　　号: ISBN 978-7-114-20212-4
定　　价: 50.00 元

目　　次

前言 …………………………………………………………………………………… Ⅲ
引言 …………………………………………………………………………………… Ⅳ
1　范围 ………………………………………………………………………………… 1
2　规范性引用文件 …………………………………………………………………… 1
3　术语和定义 ………………………………………………………………………… 1
4　基本规定 …………………………………………………………………………… 2
4.1　各阶段的工作要求 ……………………………………………………………… 2
4.2　设计内容 ………………………………………………………………………… 2
4.3　设计原则 ………………………………………………………………………… 2
4.4　新技术应用 ……………………………………………………………………… 2
5　交通组织总体设计 ………………………………………………………………… 2
5.1　一般规定 ………………………………………………………………………… 2
5.2　调查与预测分析 ………………………………………………………………… 3
5.3　交通组织模式 …………………………………………………………………… 3
5.4　区域路网交通组织 ……………………………………………………………… 3
5.5　保通路段交通组织 ……………………………………………………………… 3
5.6　保通设计速度 …………………………………………………………………… 4
5.7　通行能力与服务水平 …………………………………………………………… 4
5.8　改扩建作业区划分 ……………………………………………………………… 5
5.9　配套设施 ………………………………………………………………………… 5
5.10　应急交通组织 ………………………………………………………………… 5
6　区域路网交通组织设计 …………………………………………………………… 5
6.1　一般规定 ………………………………………………………………………… 5
6.2　分流时段 ………………………………………………………………………… 5
6.3　分流车型 ………………………………………………………………………… 5
6.4　分流路径 ………………………………………………………………………… 6
6.5　分流节点 ………………………………………………………………………… 6
6.6　成果要求 ………………………………………………………………………… 6
7　保通路段交通组织设计 …………………………………………………………… 6
7.1　一般规定 ………………………………………………………………………… 6
7.2　一般路段保通 …………………………………………………………………… 6
7.3　关键工点保通 …………………………………………………………………… 7
7.4　成果要求 ………………………………………………………………………… 8
8　配套设施设计 ……………………………………………………………………… 9
8.1　一般规定 ………………………………………………………………………… 9
8.2　区域路网分流配套设施 ………………………………………………………… 9
8.3　保通路段配套设施 ……………………………………………………………… 9
8.4　临时交通标志 …………………………………………………………………… 10

8.5 临时交通标线 …… 11
8.6 临时护栏 …… 12
8.7 临时监控设施 …… 13
8.8 夜间配套设施 …… 13
8.9 其他设施 …… 14
8.10 临时紧急停车点及紧急撤离口 …… 14
9 改扩建作业区交通组织综合布控设计 …… 15
9.1 一般规定 …… 15
9.2 一般路基段 …… 15
9.3 桥梁路段 …… 15
9.4 隧道路段 …… 15
9.5 交通转序区 …… 15
9.6 纵断面调整路段 …… 15
9.7 互通式立体交叉 …… 16
9.8 服务设施 …… 16
9.9 临时紧急停车点及紧急撤离口 …… 16
10 应急交通组织设计 …… 16
10.1 一般规定 …… 16
10.2 保通路段公路交通突发事件 …… 16
10.3 恶劣天气 …… 16
10.4 节假日及重大活动 …… 16
10.5 保通路段应急救援点 …… 16
附录A(规范性) 改扩建交通组织设计文件要求 …… 17
附录B(资料性) 典型改扩建作业区交通组织综合布控示例 …… 19
参考文献 …… 32

前　言

本文件按照 GDHS-BZBX-01—2021《广东省公路学会标准编写规则》的规定起草。

请注意本文件的某些内容可能涉及专利。本文件的发布机构不承担识别这些专利的责任。

本文件由广东省高速公路有限公司提出。

本文件由广东省公路学会归口。

本文件起草单位:广东省高速公路有限公司、中交第二公路勘察设计研究院有限公司、武汉中交交通工程有限责任公司、保利长大工程有限公司、北京华路安交通科技有限公司。

主编:李军

参加编写人员:洪旋、黄正昌、陈亚振、陈晨、闵泉、郭志杰、唐全、廖晨曦、孙军、林玉坤、王恩师、周颖、卢涛、马朝辉、闫书明

主审:鲍钢

参加审查人员:梅晓亮、唐琤琤、陈冠雄、邱志雄、马林、谢陈峰、郭林泉、李刚、王飞川、王佳胜、庄明融

本文件为首次发布。

引　言

近年来,广东省高速公路有限公司依托科研攻关以及总结高速公路改扩建工程交通组织方面的经验,在双向四车道高速公路改扩建为双向八车道高速公路的交通组织技术方面取得了重要成果,包括四车道保通条件下的保通断面参数布置、关键工点交通组织、配套设施设置、抗干扰混凝土的运用等。通过总结、归纳最新的技术成果,制订出符合广东省地方特点的《高速公路改扩建工程交通组织设计规范》,是对现有的公路交通行业标准《高速公路改扩建交通组织设计规范》(JTG/T 3392—2022)的补充和完善,为广东省高速公路改扩建交通组织设计的规范化、标准化起到重要作用。

高速公路改扩建工程交通组织设计规范

1 范围

本文件规定了高速公路改扩建工程交通组织设计的交通组织总体设计、区域路网交通组织设计、保通路段交通组织设计、配套设施设计、改扩建作业区交通组织综合布控设计、应急交通组织设计等技术要求。

本文件适用于广东省境内由双向四车道高速公路改扩建为双向八车道高速公路的交通组织设计。

2 规范性引用文件

下列文件中的内容通过文中的规范性引用而构成本文件必不可少的条款。其中,注日期的引用文件,仅该日期对应的版本适用于本文件;不注日期的引用文件,其最新版本(包括所有的修改单)适用于本文件。

GB 5768.2—2022 道路交通标志和标线 第2部分:道路交通标志

GB 5768.4—2017 道路交通标志和标线 第4部分:作业区

GB/T 18226 公路交通工程钢构件防腐技术条件

JTG B01 公路工程技术标准

JTG B05 公路护栏安全性能评价标准

JTG D20—2017 公路路线设计规范

JTG H30—2015 公路养护安全作业规程

JTG/T 3392—2022 高速公路改扩建交通组织设计规范

3 术语和定义

下列术语和定义适用于本文件。

3.1

改扩建作业区 work zone for reconstruction and expansion

由于高速公路改扩建施工作业影响交通运行,而进行交通管控的路段。

3.2

长期改扩建作业区 long-term work zone for reconstruction and expansion

定点作业时间总和大于240h的交通管控路段。

3.3

中期改扩建作业区 medium-term work zone for reconstruction and expansion

定点作业时间总和大于24h且小于或等于240h的交通管控路段。

3.4

短期改扩建作业区 short-term work zone for reconstruction and expansion

定点作业时间总和大于4h且小于或等于24h的交通管控路段。

3.5

临时改扩建作业区 temporary work zone for reconstruction and expansion

连续移动或定点作业时间总和小于或等于4h的交通管控路段。

3.6

关键工点　key work zone

制约主线一般路段保通方案实施的路段。

3.7

工作区　activity area

从纵向缓冲区终点到下游过渡区起点之间的施工区域。

4　基本规定

4.1　各阶段的工作要求

4.1.1　工程可行性研究阶段应开展交通组织方案专题研究,其内容及成果应符合《高速公路改扩建交通组织设计规范》(JTG/T 3392—2022)的要求。

4.1.2　设计阶段应编制专项的交通组织设计文件,设计文件编制内容应满足附录A的要求。

4.1.3　施工阶段应进行交通组织动态设计,结合项目路现场条件对交通组织设计成果动态进行调整、优化或变更。

4.2　设计内容

交通组织设计内容应包括交通组织总体设计、区域路网交通组织设计、保通路段交通组织设计、配套设施设计、改扩建作业区交通组织综合布控设计、应急交通组织设计等内容。

4.3　设计原则

交通组织设计应遵循"安全、经济、高效、环保"的原则,协调保通与改扩建施工,管控风险,并维持保通路段及周边路网具备一定的服务水平。

4.4　新技术应用

在满足安全和使用功能的条件下,应积极使用新技术、新材料、新工艺、新产品。

5　交通组织总体设计

5.1　一般规定

5.1.1　交通组织总体设计应综合考虑项目区域建设、运营、管理、社会、经济等因素。

5.1.2　交通组织总体设计应与高速公路改扩建项目总体设计协调统一,同步进行,并统筹考虑项目影响区域路网状况、项目路道路条件、交通流特征、交通管制措施等因素。

5.1.3　交通组织总体设计应包含调查与预测分析、交通组织模式、区域路网交通组织、保通路段交通组织、保通设计速度、通行能力与服务水平、改扩建作业区划分、配套设施、应急交通组织等。

5.1.4　工程可行性研究阶段应对交通组织总体设计进行比选论证,并提出推荐的交通组织模式、保通路段交通组织、区域路网交通组织、保通设计速度。

5.1.5　初步设计阶段应在交通组织专题成果基础上,进一步加强交通组织总体设计比选论证,并明确交通组织模式、保通设计速度、通行能力与服务水平,进行区域路网交通组织、保通路段交通组织、配套设施、应急交通组织的设计。

5.1.6　施工图设计阶段应根据初步设计阶段推荐的总体交通组织方案,深化区域路网交通组织、保通路段交通组织、改扩建作业区划分、配套设施、应急交通组织的设计。

5.2 调查与预测分析

5.2.1 交通调查宜包含下列内容：

a） 项目影响区内可供分流的公路网及相关城市道路设施的布局形态、技术状况、交通组成及交通流特性（区域路网交通流量流向、交通组成及项目路过境、区间、路段交通流状况）；

b） 项目影响区路网拟建、在建公路的技术等级、开通时间、路线交叉分布状况；

c） 项目影响区施工期间供分流的路段维修加固、交通管制等影响交通流分布的资料；

d） 项目路的线形、路基路面、桥涵、互通式立体交叉、隧道、交通工程设施等各分项专业的改扩建设计方案；

e） 近3年节假日和恶劣天气下路网交通流量、流向及交通组成资料；

f） 近3年项目路交通事故资料。

条文说明

列项a)中考虑项目路相关城市道路设施的交通调查，是因为广东省部分片区城市化率高，高速公路均存在不同程度与城市建成区共存的情况，沿线势必与城市市政道路交织，改扩建施工会影响城市交通系统。

5.2.2 预测分析应包含下列内容：

a） 应进行交通量分析，具体内容包括：项目路现状通行能力、交通流量流向、服务水平等，评价项目路交通流的运行状况；

b） 路线、路基路面、桥涵、互通式立体交叉、交通工程及沿线设施等分项设计方案对项目路交通组织的影响评估；

c） 应进行路网分流的可行性路径分析及方案比选，分流道路无法满足分流车型通行需求时，应考虑分流道路路面改造、桥梁维修加固等方案。

5.2.3 预测分析结论应能满足项目制定总体交通组织方案的需要，为区域路网交通组织设计及路段交通组织设计提供技术依据和支撑。

5.2.4 交通量预测分析应考虑社会、经济、交通、国防、环境、气候、重大活动等因素。

5.2.5 可行性研究阶段和初步设计阶段，应分别开展调查与预测分析；在施工图设计阶段和施工阶段，当项目影响区道路条件、交通条件等发生显著变化时，宜补充调查、分析。

5.3 交通组织模式

5.3.1 高速公路改扩建交通组织模式可采用边运营边施工模式、封闭交通模式或二者结合的方式，宜根据区域路网道路条件、交通条件以及项目路保通需求合理确定交通组织模式。

5.3.2 路段保通困难且路网具备分流条件时，交通组织可采用封闭交通模式，封闭交通模式分为双向封闭交通和单向封闭交通。

5.4 区域路网交通组织

5.4.1 区域路网交通组织包含常态化分流、短时分流。常态化分流可采取诱导、强制或二者结合的方式；短时分流采取强制方式。

5.4.2 应明确交通组织总体设计下的区域路网交通组织方案，明确区域路网分流交通量及分流时段。

5.5 保通路段交通组织

5.5.1 高速公路改扩建保通路段交通组织宜采用双向四车道保通方式。

5.5.2 主线保通车道宽度宜为3.5m～3.75m。主线保通车道宽度采用3.25m时，应符合《高速公路改扩建交通组织设计规范》（JTG/T 3392—2022）的规定。

5.5.3 保通匝道单车道通行时,车道宽度不宜低于3.5m;双车道通行时,车道宽度不应低于3.25m。

5.5.4 侧向余宽宽度宜为0.5m~0.75m。

5.5.5 设置隔离设施宽度宜为0.75m,断面布置受限时可采用0.5m。

5.5.6 保通路段净空高度不宜低于5.0m。

5.5.7 保通路段为桥梁时,桥梁荷载应满足通行需求。

5.6 保通设计速度

5.6.1 保通设计速度应结合项目路的道路技术条件、交通量、交通事故、运行速度等因素综合确定。既有高速公路设计速度大于或等于100km/h的一般路段保通设计速度宜采用80km/h;受道路条件等因素限制时,保通设计速度可采用60km/h。

条文说明

保通设计速度是高速公路改扩建交通组织设计的核心指标,直接影响保通路段服务水平、保通断面参数等关键技术指标的选取。《高速公路改扩建交通组织设计规范》(JTG/T 3392—2022)虽然提出保通路段设计速度可采用80km/h、60km/h等,但未明确不同保通设计速度的具体适用条件以及与既有高速公路技术等级的关联性。而《道路交通标志和标线 第4部分:作业区》(GB 5768.4—2017)规定了设计速度120km/h的道路作业区限速不应大于80km/h,设计速度100km/h的道路作业区限速不应大于70km/h;《公路养护安全作业规程》(JTG H30—2015)规定设计速度120km/h的公路作业区限速不应大于80km/h,设计速度100km/h的公路作业区限速不应大于60km/h。上述规范规定不能很好地适用于高速公路改扩建项目。

本条文规定来自于广东省高速公路有限公司科技项目“高速公路改扩建交通组织与交通安全防护标准研究”的研究成果。该课题综合运用国内外调研、理论分析、交通模拟仿真及项目运行速度实测等多种手段进行研究,提出的“既有高速公路设计速度大于或等于100km/h的一般路段保通设计速度不宜低于80km/h”的成果能较好地兼顾安全与通行效率,并已经在沈阳至海口国家高速公路汕尾陆丰至深圳龙岗段改扩建等工程项目上得到了良好运用。

5.6.2 中央分隔带保通开口的设计速度宜采用60km/h。

5.6.3 一般互通式立体交叉保通匝道的设计速度不宜低于30km/h,枢纽互通式立体交叉保通匝道的设计速度不宜低于40km/h。

5.6.4 服务设施保通匝道的设计速度不宜低于30km/h。

5.7 通行能力与服务水平

5.7.1 改扩建作业区设计通行能力的计算方法应符合《高速公路改扩建交通组织设计规范》(JTG/T 3392—2022)的规定,保通路段的服务水平评价指标应符合《公路工程技术标准》(JTG B01)的规定。

5.7.2 设计服务水平宜符合下列规定:

a) 保通路段及区域路网的服务水平可比现有服务水平降低一级;

b) 一般情况下,不宜低于四级;

c) 条件受限时,可采用五级。

条文说明

高速公路改扩建施工期间服务水平维持在四级服务水平是相对理想状态。列项c)中考虑到广东省现状服务水平已经达到四级及以下的改扩建高速公路客观存在,施工期间仍按照四级服务水平去控制,会额外增大施工期管控难度及区域路网道路的交通压力,根据《公路工程技术标准》(JTG B01),五级服务水平条件是交通拥堵流的上半段,是达到最大通行能力时的交通运行状态,虽然行驶灵活性受限,但也是基于客观现实的选择。

5.8 改扩建作业区划分

5.8.1 改扩建作业区的警告区长度不应小于 2km。

5.8.2 改扩建作业区的工作区长度宜符合下列规定：

a) 同一互通或构造物宜划分至同一工作区；
b) 长度宜为 4km~6km。

5.8.3 中央分隔带保通开口宜设置在通视良好的路基段，并避开互通式立体交叉、纵断面调整路段等位置。

5.8.4 既有中央分隔带开口可作为短时或临时开口使用，中长期改扩建中央分隔带保通开口长度宜符合保通设计速度的要求。

5.9 配套设施

5.9.1 交通组织总体设计应明确配套设施的设置内容及设置标准。

5.9.2 区域路网分流、路段保通配套设施应根据所在路段的设计速度确定设置标准。

5.10 应急交通组织

应急交通组织应纳入交通组织总体设计，并结合项目路构造物分布、改扩建设计方案，合理进行临时紧急停车点、紧急撤离口及应急救援设计。

6 区域路网交通组织设计

6.1 一般规定

6.1.1 区域路网交通组织设计包含分流时段、分流车型、分流路径、分流节点，应根据交通组织总体设计成果进行设计。

6.1.2 在工程可行性研究阶段和设计阶段，区域路网交通组织设计应符合下列要求：

a) 符合国防、政治、经济、民生、民俗文化、环境等方面的要求；
b) 协调施工组织计划和重大社会经济活动计划；
c) 经济性、可操作性、区域路网交通流稳定性；
d) 选取分流车型，可采用货车分流、客车分流及客货混合分流等方式。

6.1.3 设计阶段应进行常态化的路网整体分流及局部路段短时分流设计。

6.2 分流时段

分流时段应体现常态化路网整体分流、局部路段短时分流的要求，并符合下列规定：

a) 常态化路网整体分流的分流时段应根据交通组织总体设计进行设计；
b) 短时分流的分流时段应根据关键工点保通方案进行设计。

6.3 分流车型

6.3.1 区域路网交通组织诱导分流可不确定分流车型，强制分流可选择分车型优先级的方式。

6.3.2 分流车型应结合下列因素综合确定：

a) 受流路的路面、桥梁、隧道的通行条件，如通行能力、荷载限制、净空限制、车速限制、道路技术等级、绕行经济性、环境要求、社会影响、危化品管理等；
b) 项目路交通量及车型构成；
c) 施工组织对通行车型的限制。

6.4 分流路径

6.4.1 分流路径应符合下列规定：

a) 优先选择高速公路；

b) 考虑区域路网的建养计划；

c) 考虑过境、区间及区内交通流的流量、流向；

d) 考虑交通容差、绕行距离、道路条件、运输成本、社会影响等特征。

6.4.2 交通容差的计算方法应符合《高速公路改扩建交通组织设计规范》(JTG/T 3392—2022)的规定。

6.4.3 应对需改造的分流道路进行路面改造、桥梁维修加固等设计。

6.5 分流节点

6.5.1 分流节点宜设置诱导点、分流点、管制点，分流节点的设置按《高速公路改扩建交通组织设计规范》(JTG/T 3392—2022)执行。

6.5.2 区域路网交通组织分流节点宜优先选择枢纽式互通立体交叉。

6.6 成果要求

6.6.1 工程可行性研究阶段应提供区域路网交通组织比选及推荐方案。

6.6.2 初步设计阶段应提供初步深化的区域路网交通组织比选及推荐方案。

6.6.3 施工图设计阶段应提供详细的区域路网交通组织方案。

7 保通路段交通组织设计

7.1 一般规定

7.1.1 保通路段交通组织设计包括一般路段保通设计及关键工点保通设计，应根据交通组织总体设计成果进行设计。

7.1.2 保通路段交通组织设计应根据交通组织模式、前后衔接路段车道数及交通流量、施工方法与工艺等综合确定。

7.1.3 保通路段交通组织设计应明确下列技术指标：

a) 保通技术指标，含保通设计速度、保通车道宽度、侧向余宽等；

b) 改扩建作业区划分；

c) 交通转序区技术指标，含位置、长度、线形、车道宽度、侧向余宽等。

7.2 一般路段保通

7.2.1 一般路段保通，原路侧护栏未拆除时，应维持既有通行状态；拆除原路侧护栏前应设置临时隔离防护设施。

7.2.2 涵洞、通道、小桥的交通组织设计宜与路基段交通组织一致。

7.2.3 路面改扩建交通组织设计宜符合下列规定：

a) 宜根据既有路面改扩建方式、标准断面宽度、补强方案、面层加铺方案和施工组织方案等综合确定；

b) 改扩建施工可封闭硬路肩，封闭硬路肩时宜维持双幅双向四车道通行；

c) 单幅对向通行时，宜维持双向四车道通行；

d) 中央分隔带保通开口转序区宜维持单幅单向两车道通行。

7.3 关键工点保通

7.3.1 关键工点应包括但不限于下列路段：

a) 主线桥梁、上跨主线桥梁、隧道、互通式立体交叉等构造物；

b) 中央分隔带保通开口；

c) 高边坡、平纵面线形调整路段；

d) 收费站、服务区、停车区；

e) 各种不同加宽方式过渡段。

7.3.2 主线桥梁拼宽交通组织设计宜符合下列规定：

a) 既有桥梁护栏未拆除时，宜维持既有通行状态；

b) 桥梁上部构造拼接施工前，交通转序宜与前后路基段交通转序协调一致，必要时可在桥头处设置过渡路段；

c) 桥梁上部构造拼接施工时，宜封闭拼接幅交通。条件受限需保通时，可采用抗干扰混凝土施工。

7.3.3 主线桥梁拆除重建、路基改桥、新增通道和下穿分离式立体交叉交通组织设计宜符合下列规定：

a) 分幅保通、分幅施工；

b) 宜与前后路段保通协调一致，必要时可设置保通桥梁，保通桥梁与一般路段宜设置过渡路段，并根据保通设计速度选取合理的过渡路段长度。

7.3.4 上跨主线桥梁拆建交通组织设计应综合考虑桥型、区域路网、交通量等因素，并符合下列规定：

a) 按照分批编组改建的原则保通，当多座上跨主线桥梁位于相邻互通式立体交叉之间时，可作为整体考虑，并与所处改扩建作业区段的交通转序相协调；

b) 移位新建的单座上跨主线桥梁应按照“先建后拆”的原则进行交通组织；

c) 应与拆建工艺综合考虑，减少交通影响时间；

d) 中墩施工时，应封闭左右幅内侧车道；

e) 应选择日间交通量小的时段进行上部结构施工，施工时宜采用封闭一幅并借用对向路幅双向通行或短时中断交通的交通组织方式；

f) 既有上跨主线桥梁的拆建宜在路基拼接施工完成前实施。

7.3.5 隧道改扩建交通组织设计应符合下列规定：

a) 采用两侧新建隧道改扩建方案时，应采用“先建后改造”的原则进行交通组织；

b) 应根据周边路网分流条件，选择保通或封闭交通施工；

c) 既有隧道扩孔改建或施工隧道横洞时，应封闭交通，改扩建幅交通可通过保通隧道或保通便道绕行。

7.3.6 纵断面调整路段交通组织设计宜符合下列规定：

a) 纵断面抬升路段，单幅对向通行保通期间低侧宜设置临时排水，高侧宜设置临时护栏；

b) 纵断面降低路段，既有道路开挖宜设置支护设施；

c) 路基改桥路段宜分幅保通、分幅施工。

7.3.7 中心线偏移路段交通组织设计宜优先选用中心线偏移侧的一幅进行保通。

7.3.8 互通式立体交叉改扩建交通组织设计宜符合下列规定：

a) 宜根据互通式立体交叉的布局、改扩建方案、转向交通量、施工工序及现场条件开展交通组织设计；

b) 采用封闭匝道或者相邻互通式立体交叉交替封闭匝道时，宜进行转向交通流适应性、交通运行安全性等交通工程论证；

c） 互通范围主线采用单侧分离加宽扩建，交通转换至单幅双向通行时宜考虑互通出入口与主线的顺接；

d） 匝道拆除前，宜设置保通匝道或永久匝道实现交通转序，并考虑保通匝道与永久匝道的统筹设置；

e） 保通匝道宽度宜考虑车辆转弯行驶空间需求，必要时对保通匝道进行加宽；

f） 匝道与主线连接部改扩建交通组织宜与主线路基、路面改扩建交通组织相匹配；

g） 保通匝道与主线连接部宜设置渐变段和变速车道，其长度宜符合《公路路线设计规范》（JTG D20—2017）的规定；条件受限需缩短渐变段及变速车道长度时，应进行交通安全论证，并加强其他工程保障措施。

条文说明

列项 g）中，以互通式立体交叉出口为例，互通出口的渐变段和变速车道的设置，为拟驶出主线的车辆逐步降速并按照设计要求的速度汇入保通匝道提供了必要的物理空间，保障了交通流的顺畅运行。然而，项目路受征地、空间条件等限制，可能存在不具备设置条件的情况，该情况下可利用硬路肩划线作为渐变段的一部分，使其满足渐变段及变速车道长度的最低设置要求。

7.3.9 服务设施改扩建交通组织设计宜符合下列规定：

a） 与主线一般路段保通及交通转序模式协调一致；

b） 根据服务设施之间的间距、规模，确定服务设施改扩建交通组织方案；

c） 宜通过分流端部处理或者设置保通匝道等方式维持主线交通进出服务设施；

d） 服务设施保通匝道的设置按 7.3.8 执行。

7.3.10 收费站改造交通组织设计宜符合下列规定：

a） 与互通式立体交叉改扩建交通组织协调统一；

b） 收费站移位新建，按照“先建后拆”的原则进行交通组织；

c） 收费站原位拆除重建，宜结合收费广场、收费天棚的施工组织等综合考虑；

d） 当转向交通量较小或相邻收费站间距较近时，封闭既有收费站或封闭收费站部分方向进行交通组织。

7.3.11 不同扩建加宽方式过渡段宜符合以下规定：

a） 宜设置在路基段；

b） 过渡段范围内的既有中分带改造宜进行专项设计。

7.4 成果要求

7.4.1 初步设计阶段，路段交通组织设计应包含下列内容：

a） 典型路段推荐和比选保通横断面布置、配套设施、改扩建作业区综合布控；

b） 改扩建作业区划分及交通转序区分布表；

c） 一般路段分阶段交通组织推荐和比选方案设计图表；

d） 交通转序区分阶段交通组织推荐和比选方案设计图表；

e） 典型关键工点分阶段交通组织推荐和比选方案设计图表。

7.4.2 施工图设计阶段，路段交通组织设计应包含下列内容：

a） 典型路段保通横断面及配套设施、改扩建作业区综合布控；

b） 改扩建作业区段划分及交通转序区分布表；

c） 一般路段分阶段交通组织设计图表；

d） 交通转序区分阶段交通组织设计图表；

e） 关键工点分阶段交通组织设计图表。

8 配套设施设计

8.1 一般规定

8.1.1 配套设施包括路网分流配套设施和保通路段配套设施，应根据区域路网交通组织设计及保通路段交通组织设计成果进行设计。

8.1.2 应根据改扩建作业区类型、保通路段道路条件、交通条件和环境特征进行综合分析，优化配套设施设置方案。

条文说明

配套设施有别于永久交通工程设施，高速公路改扩建配套设施有其自身的特点：第一，与改扩建作业区布控紧密结合，随着改扩建作业区的变化而变化，需要长期性的转换和布控；第二，相对于永久交通工程设施，设置周期相对较短，只涵盖整个施工工期；第三，高速公路改扩建保通路段行车的安全条件明显下降，配套设施承担的安全功能更为突出和重要。

8.1.3 配套设施设计应满足保通路段交通组织方案的需要，维持通行安全，实现基本“隔离、封闭”的功能，提供基本的指路、指示等信息服务。

8.1.4 宜采用永临结合的施工工序，在不影响使用的前提下将永久交通工程设施作为临时设施。

8.1.5 配套设施中，相关钢构件的防腐技术指标应符合《公路交通工程钢构件防腐技术条件》(GB/T 18226)的规定。

8.2 区域路网分流配套设施

8.2.1 区域路网分流配套设施应包括临时交通标志、临时交通标线、临时隔离设施和车道渠化设施等。

8.2.2 区域路网分流配套设施应根据各分流节点的点位和功能进行设置，应易于拆装、挪移和重复使用。

8.2.3 区域路网分流配套设施设计应执行所在路段设计标准。

8.2.4 区域路网分流配套设施设计应与所处区域内交通设施的信息相协调。

8.3 保通路段配套设施

8.3.1 保通路段配套设施设计应考虑安全性、连续性、视认性以及对行车干扰小的需求。

8.3.2 保通路段配套设施应包括临时交通标志、临时交通标线、临时护栏、临时监控设施、夜间施工临时配套设施、智慧交通设施、临时紧急停车点、紧急撤离口等。

8.3.3 配套设施应按照改扩建作业区类型选择，宜按照表1进行设置。

表1 改扩建作业区交通组织配套设施设置要求

改扩建作业区类型	长期改扩建作业区	中期改扩建作业区	短期改扩建作业区	临时改扩建作业区
临时交通标志	√	√	√	√
临时交通标线	√	√	○	○
临时护栏	√	√	○	○
临时监控设施	√	○	—	—
夜间施工临时配套设施	√	√	○	○
临时紧急停车点	√	√	○	—
紧急撤离口	√	√	○	—
注：“√”表示应设置；“○”表示根据具体情况设置；“—”表示不作要求。				

8.4 临时交通标志

8.4.1 临时交通标志应合理控制设置规模以减少对保通路段的行车干扰，且传递的信息应与道路条件及交通组织管理相互协调、一致。

8.4.2 临时交通标志应在考虑改扩建作业区类型基础上，结合改扩建作业区及上下游道路条件、交通量、运行速度等因素综合设计。

8.4.3 临时交通标志结构应考虑安全性、稳固性、耐久性的要求。

8.4.4 临时交通标志的设计应包含下列内容：

a) 设置位置、版面内容、规格尺寸；

b) 支撑方式、支撑件、连接件、基础、材料。

8.4.5 作业区系列临时交通标志的版面布置应信息明确、无歧义、简洁美观，其颜色、形状、字符、图形、尺寸应符合《道路交通标志和标线 第4部分：作业区》(GB 5768.4—2017)的规定。

8.4.6 替代原路指路功能的临时交通标志的颜色、形状、字符、图形、尺寸应符合《道路交通标志和标线 第2部分：道路交通标志》(GB 5768.2—2022)的规定，该类标志版面内容可简化，仅保留出口、重要地点、服务设施等信息。

条文说明

高速公路改扩建工程项目实施周期长，对临时指路标志设置的要求高。《道路交通标志和标线 第4部分：作业区》(GB 5768.4—2017)规定临时指路标志采用橙底黑字，其亮度及对比度指标远低于同类别的绿底白字标志。临时标志尺寸规格较小，汉字笔画复杂且版面占比大，加上标志的黑膜不反光、易与夜间环境融为一体等诸多不利因素，视认效果显著弱于绿底白字的标志。绿底白字的临时交通标志已经在广东省多条高速公路改扩建项目实践中得到良好运用，因此作出规定。

8.4.7 替代原路指路标志的临时标志的位置应设置在原桩号，可从路侧挪至中央分隔带。

8.4.8 服务区和互通式立体交叉前宜增设3km临时预告标志。

8.4.9 条件受限时，可将临时交通标志前置并设置临时标线、路面标记等。

8.4.10 保通路段应设置临时里程牌。

8.4.11 改扩建作业区临时交通标志的设置应按表2执行。

表2 改扩建作业区临时交通标志设置要求

改扩建作业区类型	长期改扩建作业区			中期改扩建作业区	短期改扩建作业区	临时改扩建作业区
工点类型	一般路段	中央分隔带保通开口	桥梁	—	—	—
施工标志	√	√	√	√	√	√
限速标志	√	√	√	√	√	○
逐级(重复)限速	√	√	√	√	○	○
禁止超车(停车)	○	○	√	○	—	—
注："√"表示应设置；"○"表示根据具体情况设置；"—"表示不作要求。						

8.4.12 临时交通标志的设置角度应符合下列规定：

a) 道路上方的标志应与道路中心线垂直，并与道路垂直线成0°~15°俯角；

b) 设置路侧标志时，可与道路中心线的垂直线成一定的角度：禁令标志、指示标志为0°~10°或30°~45°，其他标志为0°~10°。

8.4.13 临时交通标志设置间距应根据保通设计速度和结构形式确定，避免设置过密导致视认不佳。保通设计速度为80km/h时，标志设置间距不宜小于60m；保通设计速度为60km/h时，标志设置间距不宜小于 30m。

8.4.14　应根据交通组织不同的阶段动态调整临时交通标志的设置位置和版面内容。

8.4.15　LED 可变信息标志应符合下列规定：

a）字符应符合《道路交通标志和标线　第 2 部分：道路交通标志》（GB 5768.2—2022）的规定；

b）发布的内容应能根据实时交通状况、天气状况、施工进度等进行调整；

c）在夜间应具有 150m 以上的视认距离；

d）在夜间、阴天、清晨、黄昏等照度较低的环境，LED 可变信息标志应降低亮度以避免眩光。

8.4.16　临时交通标志结构宜采用移动基础式或附着式结构；采用支架式结构时，应对支架压覆，保持结构整体稳定性。

8.4.17　临时交通标志宜采用Ⅳ类或Ⅴ类反光膜。

8.4.18　临时交通标志的构件宜优先利用既有的交通标志，可通过剪裁、拼接等方式综合利用。

8.5　临时交通标线

8.5.1　应根据保通路段交通组织方案设置临时交通标线，用于引导作业期间的交通流。

8.5.2　临时交通标线应具有良好视认性，宜具有施工便利性、易清除性等，且应尽可能利用现有标线。

8.5.3　改扩建作业区临时交通标线应考虑永临结合问题，新增的临时交通标线应与保留的既有道路交通标线、改扩建后交通标线配合使用。

8.5.4　临时交通标线的颜色宜为白色或橙色，考虑永临结合的临时交通标线颜色应为白色。

条文说明

高速公路改扩建工程项目实施周期长，对临时标线的设置要求高。《道路交通标志和标线　第 4 部分：作业区》（GB 5768.4—2017）规定的橙色标线逆反射亮度系数低于同等级的白色标线，在工程实践中，在黄昏时分东西向高速公路橙色标线易与光线干扰，视认效果显著弱于白色标线。白色标线方案已经在广东省多条高速公路改扩建项目实践中得到良好运用。可结合项目实际选择临时交通标线颜色。

8.5.5　连续设置的临时交通标线应设置排水缝，排水缝设置间隙及宽度宜根据项目区域降雨强度计算确定。

8.5.6　临时交通标线宜根据改扩建作业区类型采用热熔型涂料标线和使用期超过 1 年的预成型标线带。临时交通标线的逆反射系数、抗滑性等参数不宜低于表 3 的要求。

表 3　临时交通标线相关技术要求

类型	颜色	初始逆反射系数/（$mcd \cdot m^{-2} \cdot lx^{-1}$）	抗滑性（BPN）
热熔型涂料标线	白色	150	45
	橙色	100	45
预成型标线带	白色	250	45
	橙色	175	45

8.5.7　临时交通标线应按改扩建作业区类型进行设置：

a）长期改扩建作业区应设置临时交通标线，宜使用热熔标线，车道边缘线、导流线等不常受压部分可使用预成型标线带；

b）设置于上面层的临时交通标线应考虑永临结合，并考虑临时交通标线的清除；

c）中期改扩建作业区宜使用预成型标线带，特殊情况下可使用交通锥或塑料隔离墩代替；

d）短期改扩建作业区宜使用交通锥、塑料隔离墩等代替临时交通标线，也可使用预成型标线带；

e）临时改扩建作业区宜使用交通锥、塑料隔离墩等代替临时交通标线。

8.6 临时护栏

8.6.1 临时护栏包含波形梁护栏、混凝土护栏、移动钢护栏等，其防护等级应符合《公路护栏安全性能评价标准》(JTG B05)的规定。

8.6.2 临时护栏的选用应综合考虑下列因素：

a) 改扩建作业区类型；

b) 路侧净区宽度；

c) 路侧边坡高度；

d) 运行速度；

e) 交通量及交通组成；

f) 道路线形。

8.6.3 对临时护栏应进行安全性能评价，当临时护栏安装条件与实车碰撞条件不一致时，宜采用计算机仿真方法进行安全性能评价。

8.6.4 临时护栏宜重复利用，并根据交通组织需求进行动态调整。

8.6.5 连续设置临时护栏时，应考虑路面排水的需求。

8.6.6 一般路基段邻近路基拼宽施工的保通车道外侧宜设置临时护栏，并应考虑保通设计速度、现场实际条件、改扩建方案、车辆失控闯入工作区发生事故的严重程度综合判定，合理选择临时护栏防护等级。邻近路基拼宽改扩建作业区的临时护栏防护等级宜符合表4的规定。

表4 邻近路基拼宽作业区的临时护栏防护等级

序号	典型改扩建作业区工况	路侧条件	保通设计速度/(km/h)	临时护栏防护等级
1	短期、临时改扩建作业区	一般路基段的车道渠化	60	—
2			80	—
3	中期改扩建作业区	一般路基段的路侧防护	60	二(B)级
4			80	三(A)级
5	长期改扩建作业区	通行区路侧与改扩建作业区垂直落差 $h<3$m 路段	60	二(B)级
6			80	三(A)级
7		通行区路侧与改扩建作业区垂直落差 $h \geq 3$m 路段	60	三(A)级
8			80	三(A)级

注："—"表示可不设置临时护栏。

8.6.7 主线拼宽大、中桥梁作为独立单元保通时，临时护栏的设置宜符合下列规定：

a) 宜采用三(A)级及以上防护等级，形式为混凝土护栏；

b) 宜与改扩建设计的大、中桥梁护栏统筹考虑，综合设置；

c) 与路基段护栏宜开展过渡段设计，相邻路基段未设置护栏时，大、中桥梁护栏宜进行端部安全处理。

8.6.8 主线拼宽桥梁与既有桥梁通过临时拼接联合保通时，临时护栏的设置宜符合下列规定：

a) 拼宽桥梁的外侧宜设置桥梁护栏；

b) 内侧合理设置临时隔离防护设施；

c) 临时护栏宜采用三(A)级及以上防护等级；

d) 宜与改扩建设计的桥梁护栏统筹考虑，综合设置。

8.6.9 存在下列情况时，或者经过安全风险评估认为发生事故可能性增加或者事故后果更严重的路段，临时护栏的防护等级宜在表4的基础上提升1个等级。

a） 改扩建作业区存在长陡坡或者圆曲线半径等于或接近《公路工程技术标准》(JTG B01)的路段；

b） 路侧路堤填土或挡墙高度超过 10m 的路段；

c） 保通路段交通组成中，总质量≥25t 的车辆自然数所占比例≥20%；

d） 运营中事故发生频率较高的路段；

e） 单幅采用有高差对向通行路段的高侧。

8.6.10 分隔对向交通流的临时护栏等级不宜低于三(A)级，并设置防眩设施。

8.6.11 分隔对向交通流的临时护栏宜考虑与中央分隔带混凝土护栏做永临结合设计。

8.6.12 限速值小于 60km/h 的局部路段，邻近作业区的一侧可采用混凝土隔离墩、塑料隔离墩(注水或注沙)等临时隔离设施替代临时护栏。

8.7 临时监控设施

8.7.1 改扩建作业区宜设置临时监控设施，并可在临时紧急停车点、交通转序区等位置加密布设。

8.7.2 临时监控设施应包含监控外场设施、通信设施及显示终端。

8.7.3 固定式视频监控应充分利用原有监控通信设施。宜利用互通式立体交叉、服务设施、隧道的供电设施。

8.8 夜间配套设施

8.8.1 夜间配套设施应包括视线诱导设施、防眩设施、爆闪灯、照明设施等。

8.8.2 夜间视线诱导设施应符合下列规定：

a） 长期、中期、短期改扩建作业区应设置轮廓标及诱导标；

b） 临时改扩建作业区应设置诱导标，根据具体情况可考虑是否设置轮廓标。

8.8.3 防眩设施应符合下列规定：

a） 长期、中期改扩建作业区应设置防眩设施；

b） 短期、临时改扩建作业区根据具体情况可考虑是否设置防眩设施。

8.8.4 爆闪灯应符合下列规定：

a） 长期改扩建作业区应设置爆闪灯；

b） 中期、短期改扩建作业区应根据具体情况考虑是否设置爆闪灯。

8.8.5 对于长期改扩建作业区，应符合下列规定：

a） 在警告区内应设置爆闪灯；

b） 在车道数减少和改变交通流向的上游过渡区渐变段起点位置应设置闪光箭头；

c） 在缓冲区应设置带车载式防撞垫并设置有警示灯的路栏。

8.8.6 短期、临时改扩建作业区可设置高强度旋转、闪烁警示灯或具备摇旗功能的仿真人等提醒驾驶人注意。

8.8.7 照明设施的设置应符合表 5 的规定，并应满足平均亮度最小维持值 1.5cd/m^2、平均照度最小维持值 20lx 的要求。

表 5 夜间改扩建作业区照明设施布设

临时配套设施	改扩建作业区类型			
	长期改扩建作业区	中期改扩建作业区	短期改扩建作业区	临时改扩建作业区
保通开口处照明	√	○	—	—
其他关键工点	√	○	—	—
注：“√”表示应设置；“○”表示宜设置；“—”表示不作要求。				

8.8.8　视线诱导设施包括轮廓标、诱导标等，其设置应符合下列规定：

a）宜设置在路桥过渡段、桥隧过渡段、匝道出入口、服务设施出入口、中央分隔带保通开口等位置；

b）改扩建作业区前方线形变化时，应于线形变化处设置线形诱导标，应采用（荧光）橙底黑图形的版面，在作业区线形（行驶方向）变化处或者改扩建作业区隔离设施端部等处设置。

8.8.9　单幅双向通行时，应设置防眩设施，设施为防眩板时宜采用具备回弹功能的柔性材料。

8.8.10　爆闪灯包括闪光箭头、警示频闪灯、车辆闪光灯、红蓝警示灯等，其设置应符合下列规定：

a）爆闪灯设置在车道数减少和交通流向改变的上游过渡区起点；

b）根据过渡区渐变率和闪光箭头尺寸确定设置间隔，间隔不小于45m；设置高度宜大于2m。

8.9　其他设施

8.9.1　保通路段的通行区域与改扩建作业区域应设置临时隔离栅，宜与改扩建后隔离栅永临结合使用。

8.9.2　临时紧急停车点、保通开口转换段等重点路段宜设置智慧交通锥、公路报警辅助标识等智慧交通设施。

条文说明

公路报警辅助标识上的公路名称、里程桩号、报警电话和高速交警微信公众号二维码等信息，有助于快速定位事故位置，提高救援响应速度。

8.9.3　既有高速公路发生过重大交通事故的保通路段宜设置事件检测设备。

8.9.4　警示柱、限高限宽门架等其他设施的布设应符合《道路交通标志和标线　第4部分：作业区》（GB 5768.4—2017）、《公路养护安全作业规程》（JTG H30—2015）的相关要求。

8.10　临时紧急停车点及紧急撤离口

8.10.1　临时紧急停车点宜布设于路基段，并结合现场实际动态调整。

8.10.2　一般路段临时紧急停车点的设置间距宜为2km～4km；当条件受限时，布设间距宜根据路段实际情况综合考虑。

条文说明

桥隧密集、纵断面调整、特大桥等路段设置相应设施困难或代价高昂时，视为条件受限。

8.10.3　硬路肩宽度小于2.5m的保通路段，宜设置临时紧急停车点。

8.10.4　临时紧急停车点包括驶入段、停靠段、驶出段三个部分，其技术指标应符合下列要求：

a）宽度一般不小于3m；当条件受限时，经论证安全性后可采用2.5m；

b）长度为50m+50m+50m；局部困难路段可适当降低指标，但不得低于5m+40m+5m。

8.10.5　紧急撤离口的设置宜符合下列规定：

a）紧急撤离口宜设置在路基段；

b）有硬路肩保通状态时，紧急撤离口的布设间距宜为500m～750m；

c）无硬路肩保通状态时，紧急撤离口的布设间距宜结合工程实施难度加密；

d）在临时紧急停车点处，应设置紧急撤离口；

e）紧急撤离口处的隔离栅应设置应急疏散门、必要的提示及警示标志。

条文说明

经调研广东省在建改扩建工程项目，在硬路肩保留时，路基段紧急撤离口设置间距基本为500m；在硬路肩拆除后，紧急撤离口的设置间距维持在100m左右，紧急撤离口处临时护栏断开，护栏间隙按30cm设置，两侧配置必要的提示及警示标志，隔离栅设置可单向开启的应急疏散门，人员可快速撤离项目路。考虑到工程项目的差异性及实施难度，紧急撤离口的布设间距可根据项目情况调整。

9 改扩建作业区交通组织综合布控设计

9.1 一般规定

9.1.1 改扩建作业区交通组织综合布控应根据交通组织总体设计、路段保通交通组织及交通转序等成果进行设计，改扩建作业区交通组织综合布控图可参照附录 B。

9.1.2 应按《道路标志和标线　第 4 部分：作业区》(GB 5768.4—2017)和《公路养护安全作业规程》(JTG H30—2015)设置控制区，包括警告区、上游过渡区、缓冲区、工作区、下游过渡区及终止区。

9.1.3 保通路段限制速度宜与保通设计速度一致。

9.2 一般路基段

封闭内侧车道改扩建作业区综合布控应符合下列规定：

a) 应提前 2km 设置前方施工提示系列标志，宜用图形直观表达改扩建工作区位置以及交通导改信息；
b) 改扩建作业区的警告区应设置限速标志，限速值与相邻路段相差 20km/h 及以上时应逐级限速；
c) 长期改扩建作业区借用硬路肩临时保通时，应清除原路车行道边缘线，应设置满足保通需求的临时交通标线，综合布控可参照图 B.1、图 B.2。

9.3 桥梁路段

9.3.1 距离较近的相邻上跨主线桥梁拆建时，改扩建作业区交通组织布控应统筹考虑，可按一处改扩建作业区设计。

9.3.2 中分带内中墩施工占用部分超车道时，宜利用硬路肩维持现状车道数通行。

9.3.3 既有上跨主线桥梁拆除和新建封闭交通或实行单幅双向通行时，宜选择交通量小的时段或采取远近端诱导分流的措施。

9.4 隧道路段

9.4.1 采用两侧新建隧道改扩建方案时，应遵循先建后改造的原则，维持改扩建公路隧道路段的正常运营。

9.4.2 利用隧道保通的路段宜按照设计行车方向进行保通，并设置完善的交通组织配套设施；如需逆向或双向保通时，应进行交通工程专项论证。

9.5 交通转序区

9.5.1 双幅双向转单幅双向的交通转序区交通组织综合布控标志应符合下列规定：

a) 提前 2km 设置前方施工提示系列标志，宜用图形表达改扩建工作区的位置以及交通导改信息，应准确表达保通车道数的变化信息；
b) 设置电子导向标志。

9.5.2 双幅双向转单幅双向的交通转序区前宜设置横向减速标线，交通转序区宜设置临时照明设施。

9.5.3 交通转序区综合布控可参照图 B.3～图 B.5。

9.6 纵断面调整路段

新旧路面高程差大于 1.5m 的纵断面调整路段，宜设置紧急撤离口和救援爬梯。

9.7 互通式立体交叉

9.7.1 原出口预告指路标志拆除前,应设置临时出口预告指路标志,指路标志内容可简化。

9.7.2 互通式立体交叉改扩建作业区交通组织综合布控可参照图 B.6~图 B.8。

9.8 服务设施

服务设施改扩建作业区交通组织综合布控可参照图 B.9、图 B.10。

9.9 临时紧急停车点及紧急撤离口

临时紧急停车点及紧急撤离口综合布控可参照图 B.11、图 B.12。

10 应急交通组织设计

10.1 一般规定

应根据交通组织总体设计和改扩建工程的生产安全事故应急预案,对下列情况进行应急交通组织设计:

a) 保通路段公路交通突发事件;
b) 恶劣天气;
c) 节假日及重大活动。

10.2 保通路段公路交通突发事件

保通路段公路交通突发事件应急交通组织设计应符合下列规定:

a) 应明确保通人员、应急救援车辆、临时紧急停车点、紧急撤离口、相应配套设施等配备要求;
b) 对典型可预判的公路交通突发事件,应对相应车道进行临时封闭,并对上游交通实行管制;必要时宜封闭交通,并通过上下游分流;有条件时提供救援车辆通道;
c) 明确发布路况信息的方式;
d) 根据处理情况动态调整方案。

10.3 恶劣天气

应急交通组织设计应考虑恶劣天气的影响。

10.4 节假日及重大活动

应急交通组织设计应考虑节假日及重大活动期间的保通要求,如不占用保通车道或停止施工。

10.5 保通路段应急救援点

10.5.1 保通路段沿线收费站点出入口应设置应急救援点,枢纽式互通立体交叉路段宜根据实际需求增设应急救援点。

10.5.2 应急救援点应配置必要的救援人员、车辆等。

附 录 A
(规范性)
改扩建交通组织设计文件要求

A.1 高速公路改扩建交通组织设计文件成果应包含交通组织总体设计、区域路网交通组织设计、保通路段交通组织设计、配套设施设计、改扩建作业区交通组织综合布控设计、应急交通组织设计等必要的说明及图表。

A.2 区域路网交通组织设计应包含下列内容:

a) 区域路网分流点位布设图(诱导点、分流点、管制点等);
b) 长途过境交通分流路径设计图(不同流量、流向的交通分流路径);
c) 区间交通分流路径设计图(不同流量、流向的交通分流路径);
d) 项目路段应急分流设计图。

A.3 项目路段交通组织设计应包含下列内容:

a) 改扩建平面示意图;
b) 全线构造物缩图及布置一览表;
c) 改扩建路线拼宽一览表;
d) 一般路段路基施工分阶段保通平面图、横断面设计图(双侧拼宽、单侧拼宽);
e) 过渡段路基施工分阶段保通平面图、横断面设计图(双侧拼宽与单侧拼宽过渡、单侧拼宽与单侧拼宽过渡等);
f) 一般路段路面施工分阶段保通平面图、横断面设计图(含双侧拼宽、单侧拼宽);
g) 过渡段路面施工分阶段保通平面图、横断面设计图(含双侧拼宽与单侧拼宽过渡、单侧拼宽与单侧拼宽过渡等);
h) 平纵线形调整路段路基施工分阶段保通平面图、横断面设计图;
i) 平纵线形调整路段路面施工分阶段保通平面图、横断面设计图;
j) 加减速车道路段改造路面施工分阶段保通平面图、横断面设计图;
k) 高边坡路段施工分阶段保通平面图、横断面设计图;
l) 超高调整段改扩建路面施工分阶段保通平面图、横断面设计图;
m) 中央分隔带改造分阶段保通平面图、横断面设计图;
n) 主线桥梁、通道、涵洞拼宽分阶段保通平面图、横断面设计图(拼宽桥独立保通、拼宽桥与原桥联合保通);
o) 原桥拆除重建分阶段保通平面图、横断面设计图;
p) 隧道改扩建分阶段保通平面图、横断面设计图(分离新建、既有隧道扩挖等方式);
q) 保通便道设计相关图表;
r) 项目路段互通式立体交叉分阶段改造示意(明确互通改造独立保通、联合保通方式);
s) 一般互通式立体交叉分阶段保通平面设计图;
t) 枢纽互通式立体交叉分阶段保通平面设计图;
u) 主体工程改造相关工程数量汇总表(新增保通便道、既有桥涵加固、路基路面改造等);
v) 保通便道设计相关图表;
w) 服务设施改扩建分阶段保通设计图;
x) 其他典型关键工点分阶段保通平面图、横断面设计图。

A.4 配套设施应包含下列内容:

a) 路网分流配套设施工程数量汇总表(主体工程改造、临时交通工程、管理配套设施等);

b） 诱导点临时交通工程设施数量表；
c） 分流点临时交通工程设施数量表；
d） 管制点临时交通工程设施数量表；
e） 临时交通工程设施设置一览表（标志、标线、隔离、防护等分项设施）；
f） 一般路段路基施工分阶段保通临时安全设施横断面布置图（双侧拼宽、单侧拼宽）；
g） 一般路段路面施工分阶段保通临时安全设施横断面布置图（双侧拼宽、单侧拼宽）；
h） 桥梁拼宽分阶段保通临时安全设施横断面布置图（双侧拼宽、单侧拼宽、直接拼宽、拆除重建等）。

附　录　B
(资料性)
典型改扩建作业区交通组织综合布控示例

B. 1　改扩建临时交通工程设施符号如表 B. 1 所示。

表 B. 1　改扩建临时交通工程设施符号

符号	符号名称	符号	符号名称
	隔离设施	G	工作区
	标志牌	H	缓冲区
	智慧交通锥	S	警告区
	红蓝警示灯	Z	终止区
	监控设施	L_s	上游过渡区
	车流行驶方向	L_x	下游过渡区
	施工警告灯	A	保通车道
	闪光箭头	B	硬路肩
	路栏	C	土路肩
	作业区域	D	横向缓冲区
	路段照明	M	中间带
	线形诱导标	L_c	侧向余宽
	车载式防撞垫	L_z	保通开口

B. 2　图 B. 1~图 B. 12 给出了一些典型的改扩建作业区交通组织综合布控示例,未包含所有情况。设计时应综合考虑各相关因素,可参考其中的一个或多个示例,确定合适的布置方案。附录 B 所示的示例,可根据实际情况增加设施,加密间距或做其他改变。

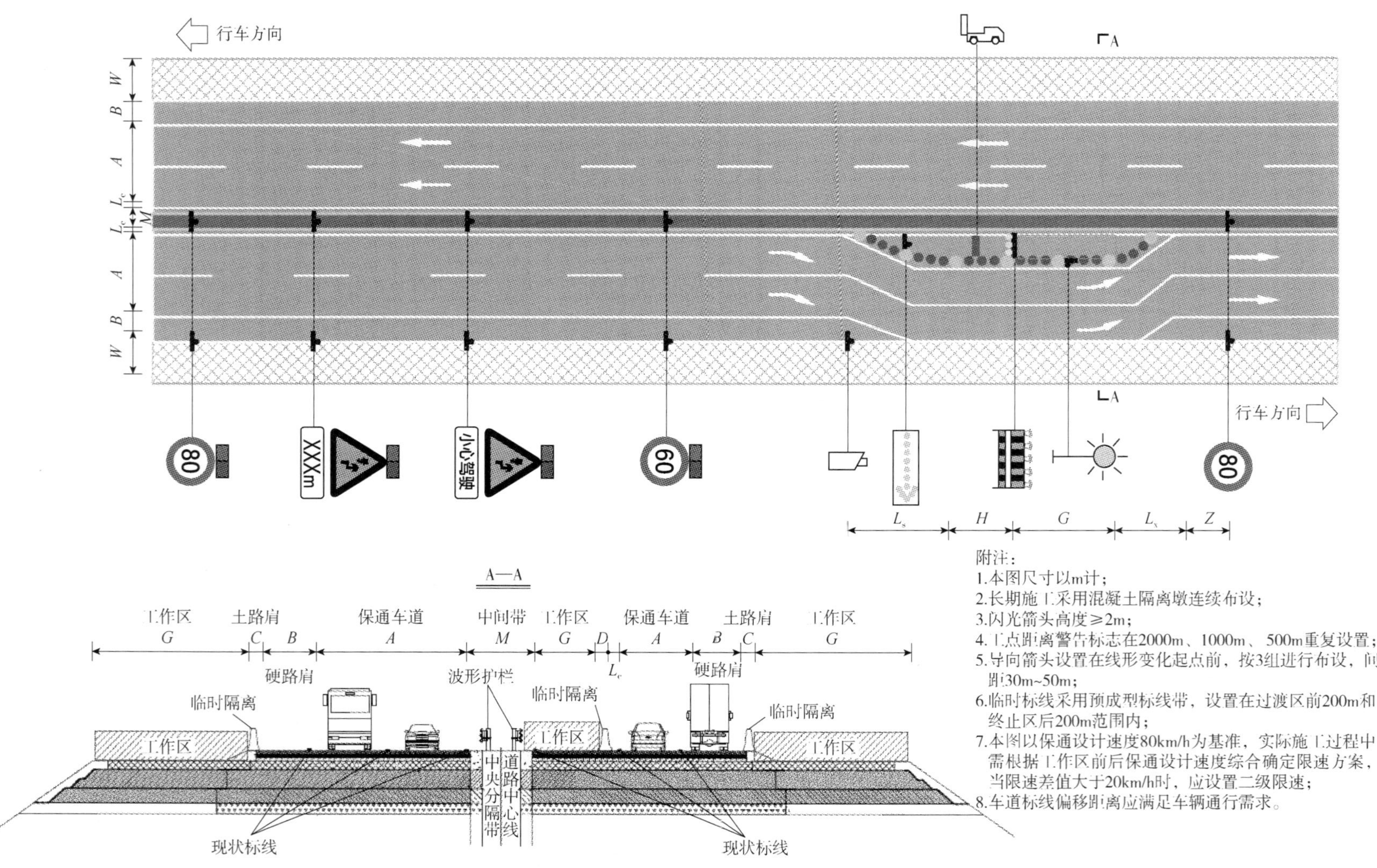

图B.1　高速公路单向封闭内侧车道长期改扩建作业交通组织示意图

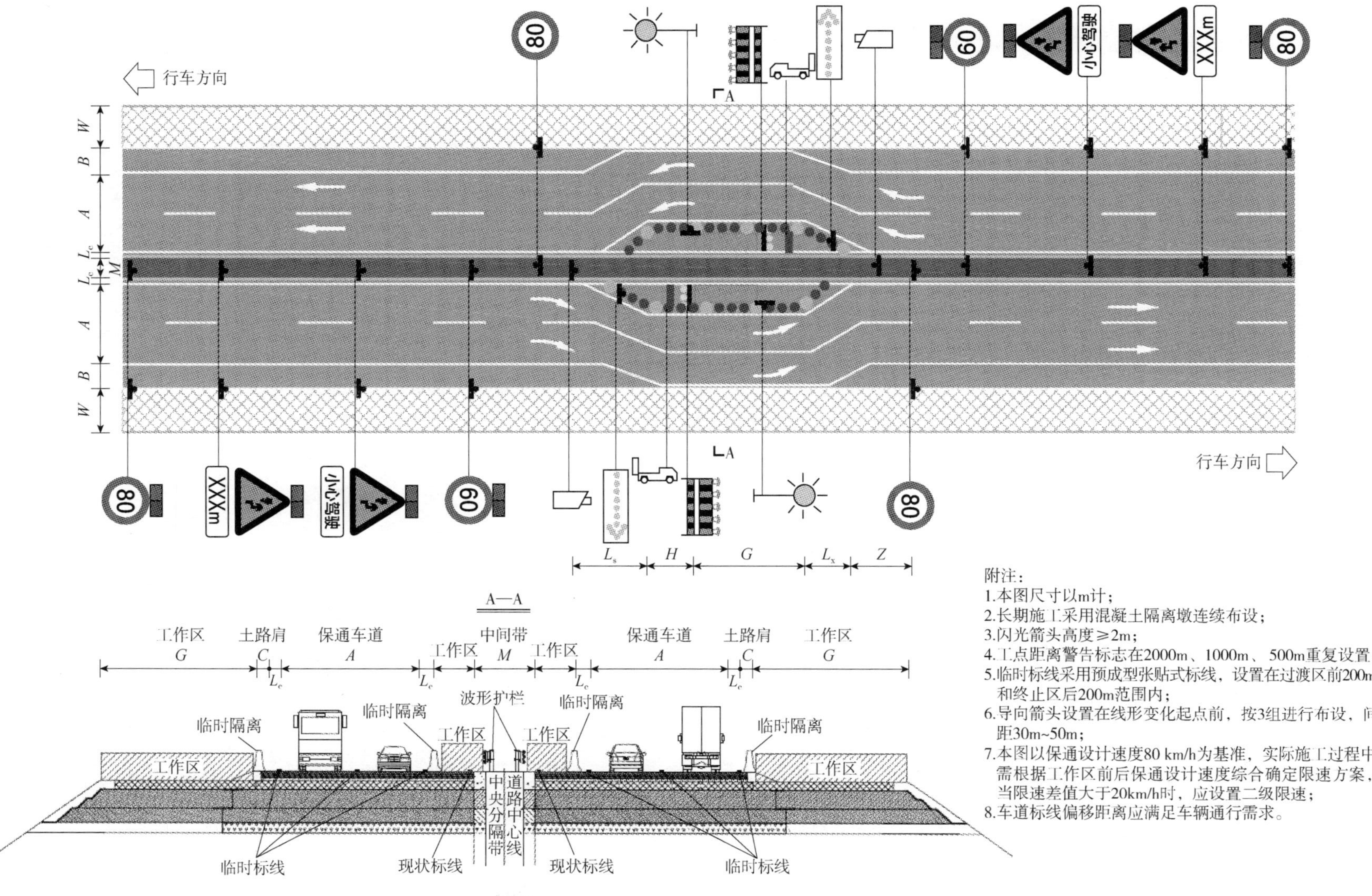

附注：
1.本图尺寸以m计；
2.长期施工采用混凝土隔离墩连续布设；
3.闪光箭头高度≥2m；
4.工点距离警告标志在2000m、1000m、500m重复设置；
5.临时标线采用预成型张贴式标线，设置在过渡区前200m和终止区后200m范围内；
6.导向箭头设置在线形变化起点前，按3组进行布设，间距30m~50m；
7.本图以保通设计速度80 km/h为基准，实际施工过程中需根据工作区前后保通设计速度综合确定限速方案，当限速差值大于20km/h时，应设置二级限速；
8.车道标线偏移距离应满足车辆通行需求。

图B.2　高速公路双向封闭内侧车道长期改扩建作业交通组织示意图

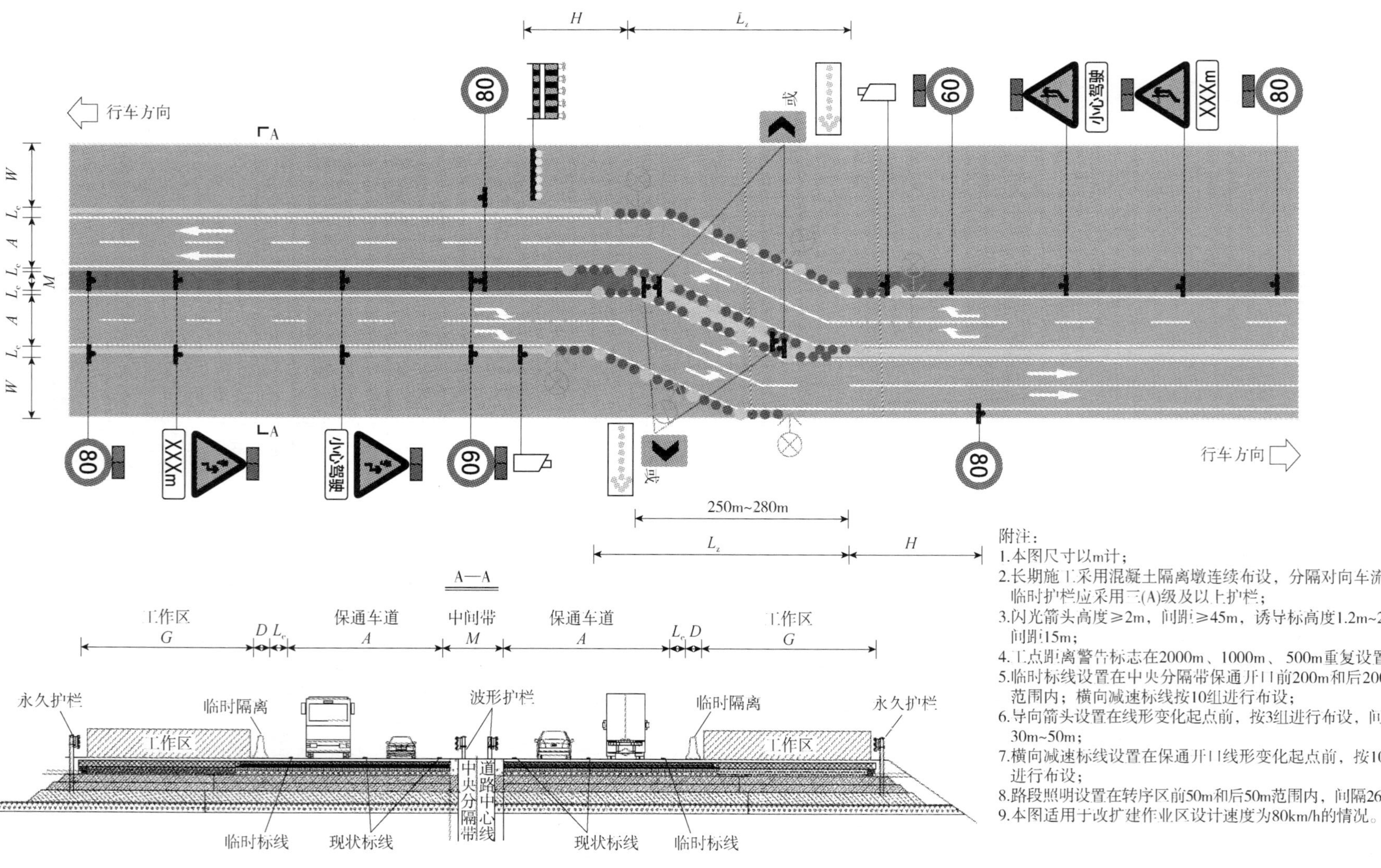

附注：
1.本图尺寸以m计；
2.长期施工采用混凝土隔离墩连续布设，分隔对向车流的临时护栏应采用三(A)级及以上护栏；
3.闪光箭头高度≥2m，间距≥45m，诱导标高度1.2m~2m，间距15m；
4.工点距离警告标志在2000m、1000m、500m重复设置；
5.临时标线设置在中央分隔带保通开口前200m和后200m范围内；横向减速标线按10组进行布设；
6.导向箭头设置在线形变化起点前，按3组进行布设，间距30m~50m；
7.横向减速标线设置在保通开口线形变化起点前，按10组进行布设；
8.路段照明设置在转序区前50m和后50m范围内，间隔26m；
9.本图适用于改扩建作业区设计速度为80km/h的情况。

图B.3 双幅双向四车道与单幅双向四车道转序交通组织示意图

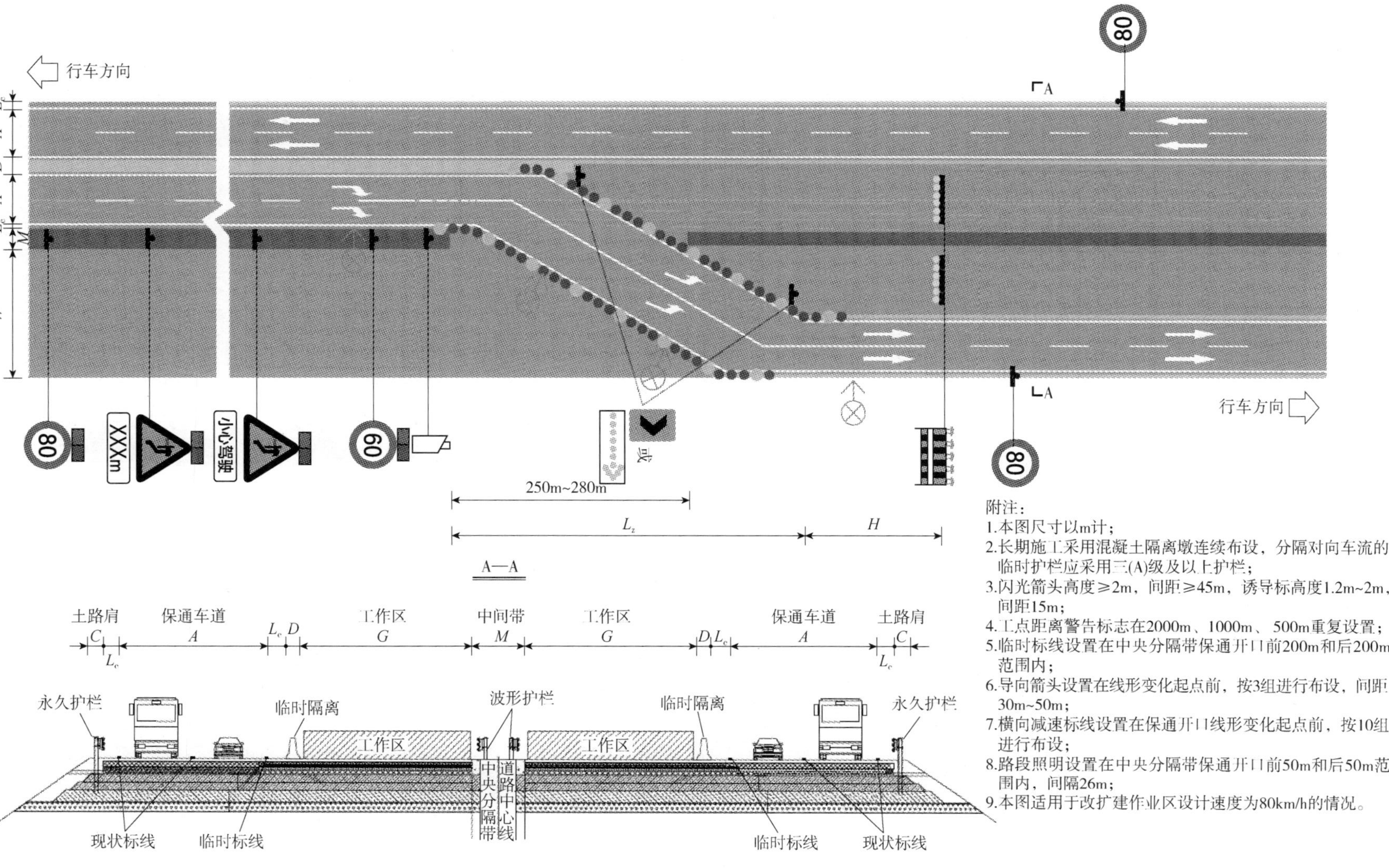

图B.4 单幅双向四车道与双幅外侧双向四车道转序交通组织示意图

附注：
1.本图尺寸以m计；
2.长期施工采用混凝土隔离墩连续布设，分隔对向车流的临时护栏应采用三(A)级及以上护栏；
3.闪光箭头高度≥2m，间距≥45m，诱导标高度1.2m~2m，间距15m；
4.工点距离警告标志在2000m、1000m、500m重复设置；
5.临时标线设置在中央分隔带保通开口前200m和后200m范围内；
6.导向箭头设置在线形变化起点前，按3组进行布设，间距30m~50m；
7.横向减速标线设置在保通开口线形变化起点前，按10组进行布设；
8.路段照明设置在中央分隔带保通开口前50m和后50m范围内，间隔26m；
9.本图适用于改扩建作业区设计速度为80km/h的情况。

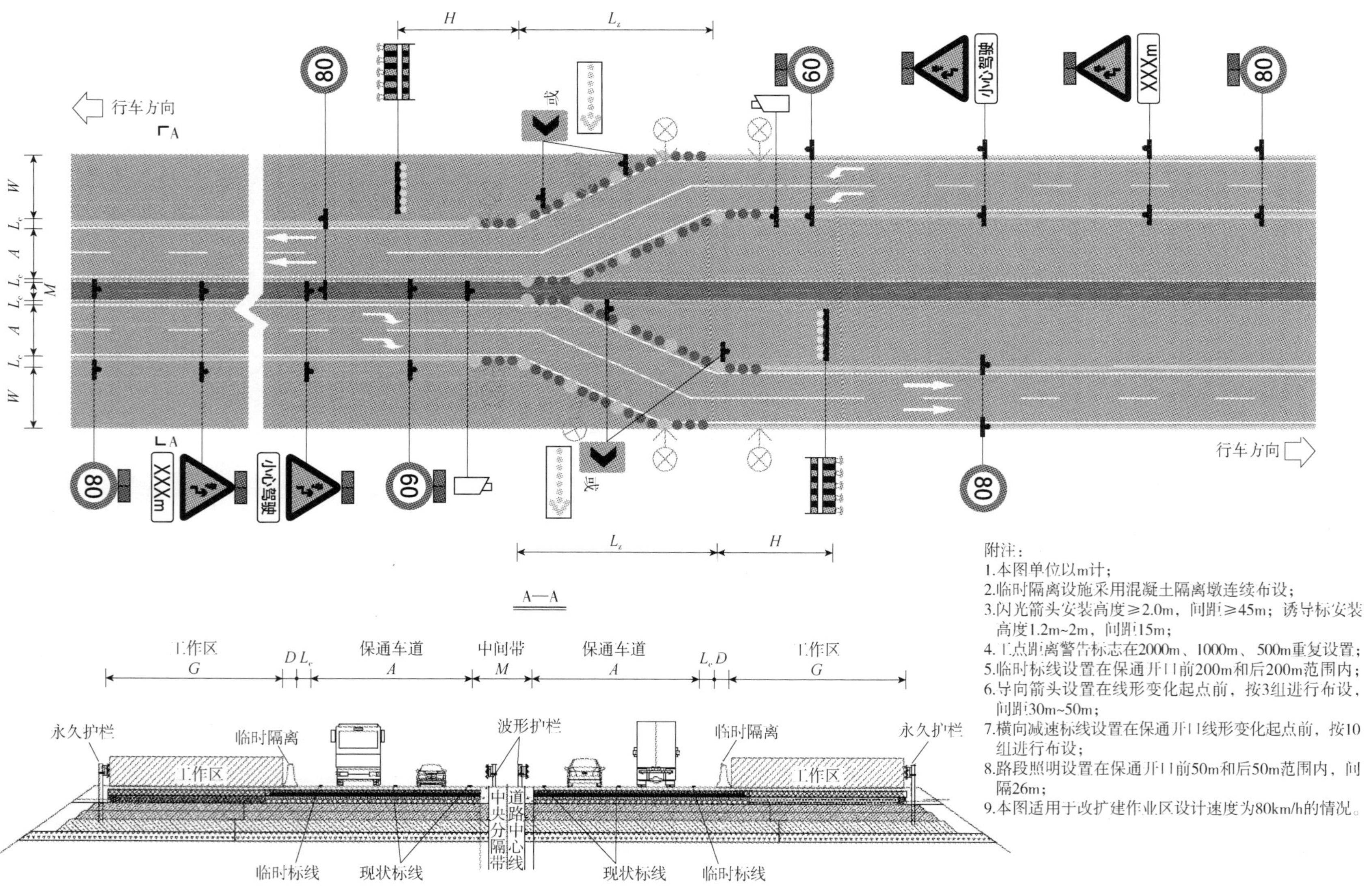

附注：
1.本图单位以m计；
2.临时隔离设施采用混凝土隔离墩连续布设；
3.闪光箭头安装高度≥2.0m，间距≥45m；诱导标安装高度1.2m~2m，间距15m；
4.工点距离警告标志在2000m、1000m、500m重复设置；
5.临时标线设置在保通开口前200m和后200m范围内；
6.导向箭头设置在线形变化起点前，按3组进行布设，间距30m~50m；
7.横向减速标线设置在保通开口线形变化起点前，按10组进行布设；
8.路段照明设置在保通开口前50m和后50m范围内，间隔26m；
9.本图适用于改扩建作业区设计速度为80km/h的情况。

图B.5　双幅双向四车道与双幅外侧双向四车道转序交通组织示意图

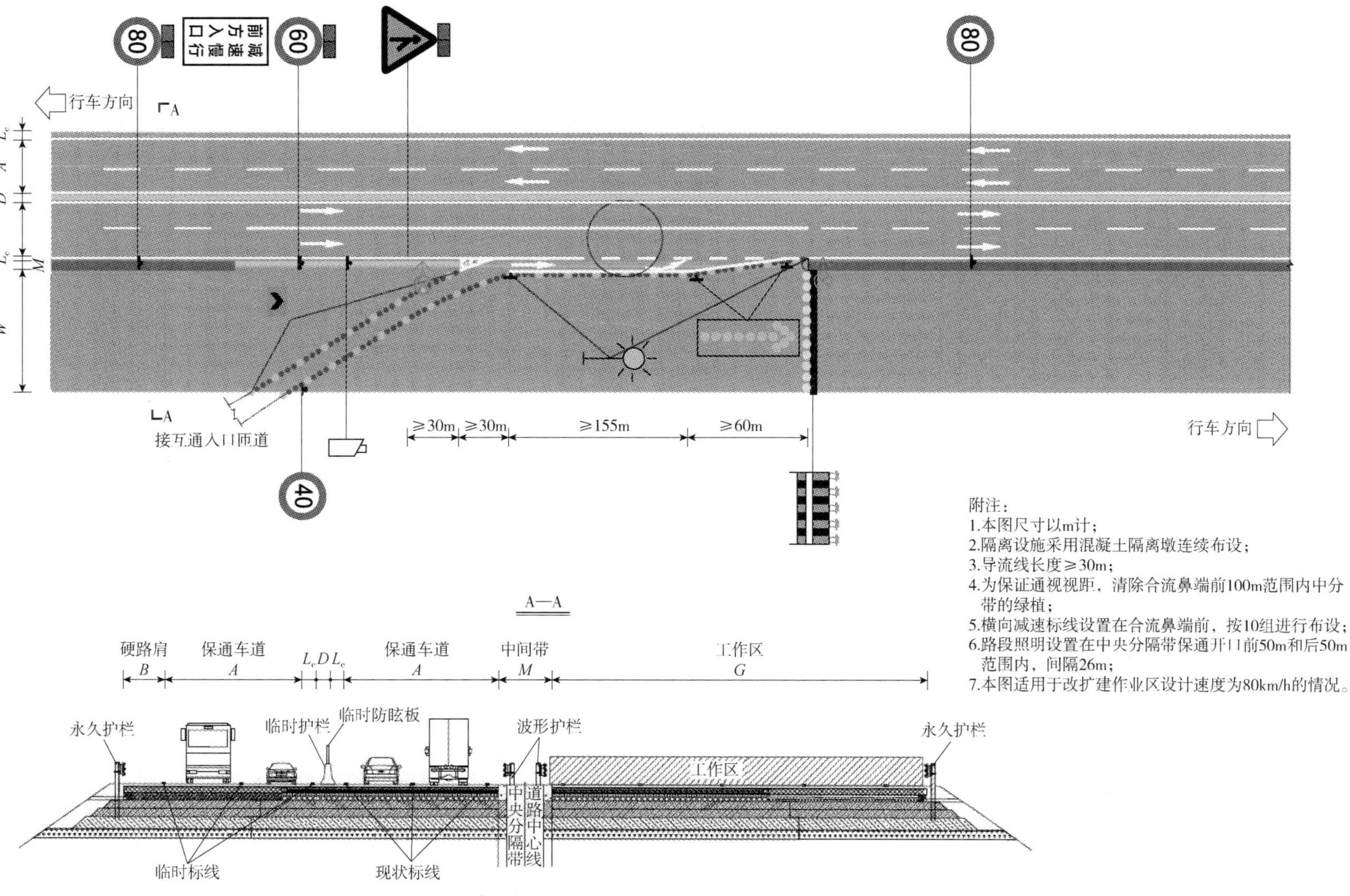

附注：

1.本图尺寸以m计；

2.隔离设施采用混凝土隔离墩连续布设；

3.导流线长度≥30m；

4.为保证通视视距，清除合流鼻端前100m范围内中分带的绿植；

5.横向减速标线设置在合流鼻端前，按10组进行布设；

6.路段照明设置在中央分隔带保通开口前50m和后50m范围内，间隔26m；

7.本图适用于改扩建作业区设计速度为80km/h的情况。

图B.6 互通临时匝道经中分带开口驶入交通组织示意图

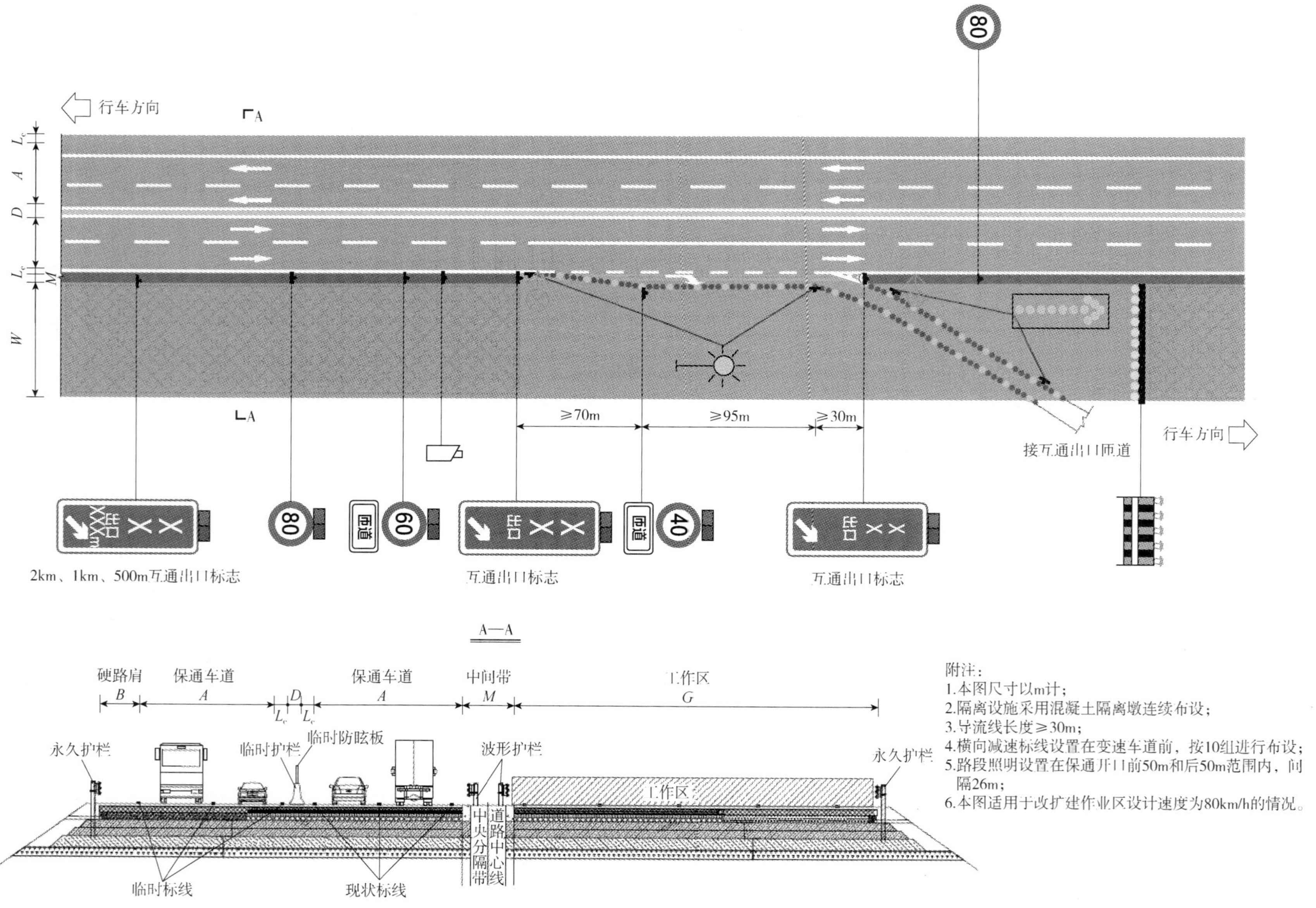

图B.7　互通临时匝道经中分带开口驶出交通组织示意图

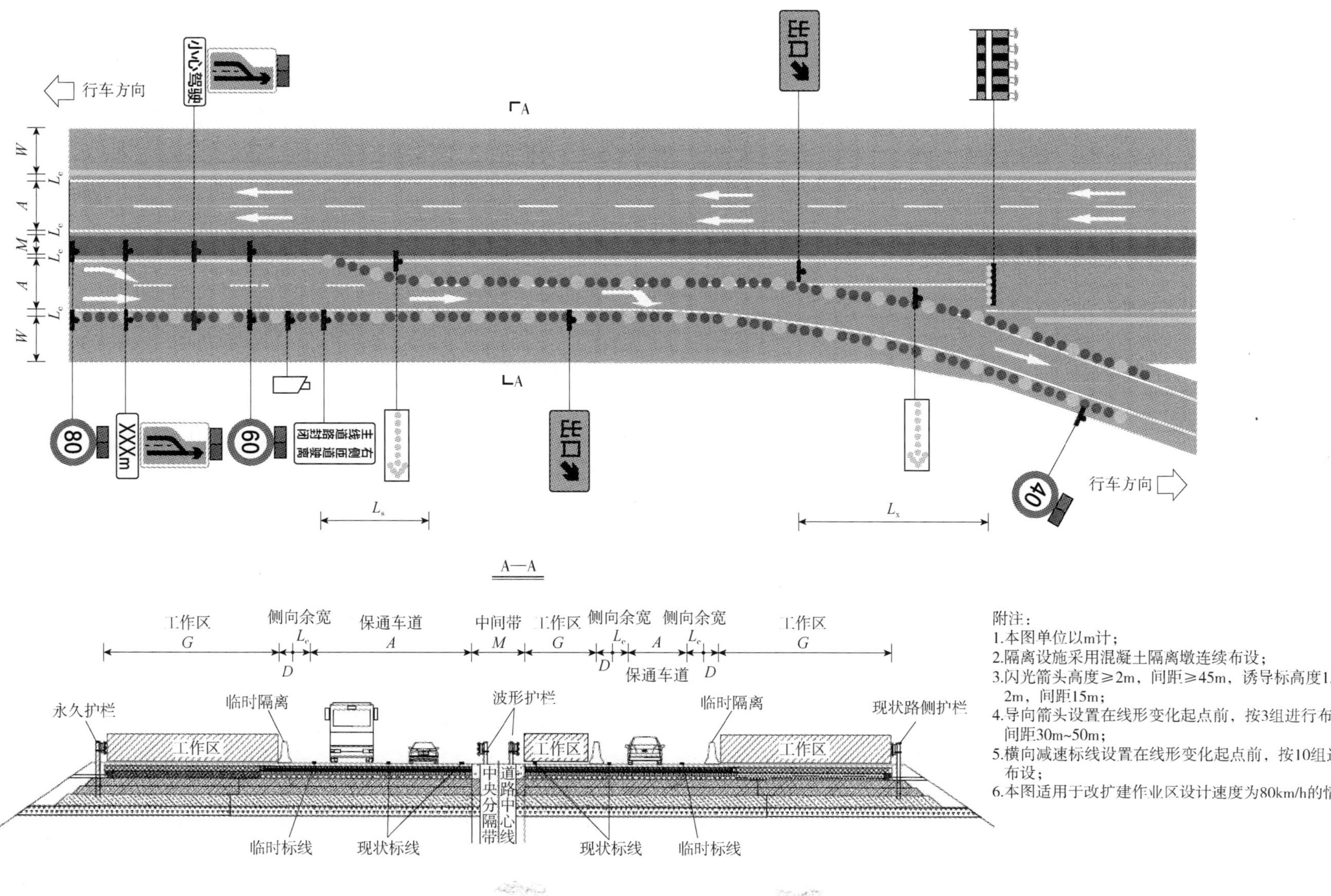

附注：

1.本图单位以m计；

2.隔离设施采用混凝土隔离墩连续布设；

3.闪光箭头高度≥2m，间距≥45m，诱导标高度1.2m~2m，间距15m；

4.导向箭头设置在线形变化起点前，按3组进行布设，间距30m~50m；

5.横向减速标线设置在线形变化起点前，按10组进行布设；

6.本图适用于改扩建作业区设计速度为80km/h的情况。

图B.8 互通主线封闭施工改扩建交通组织示意图

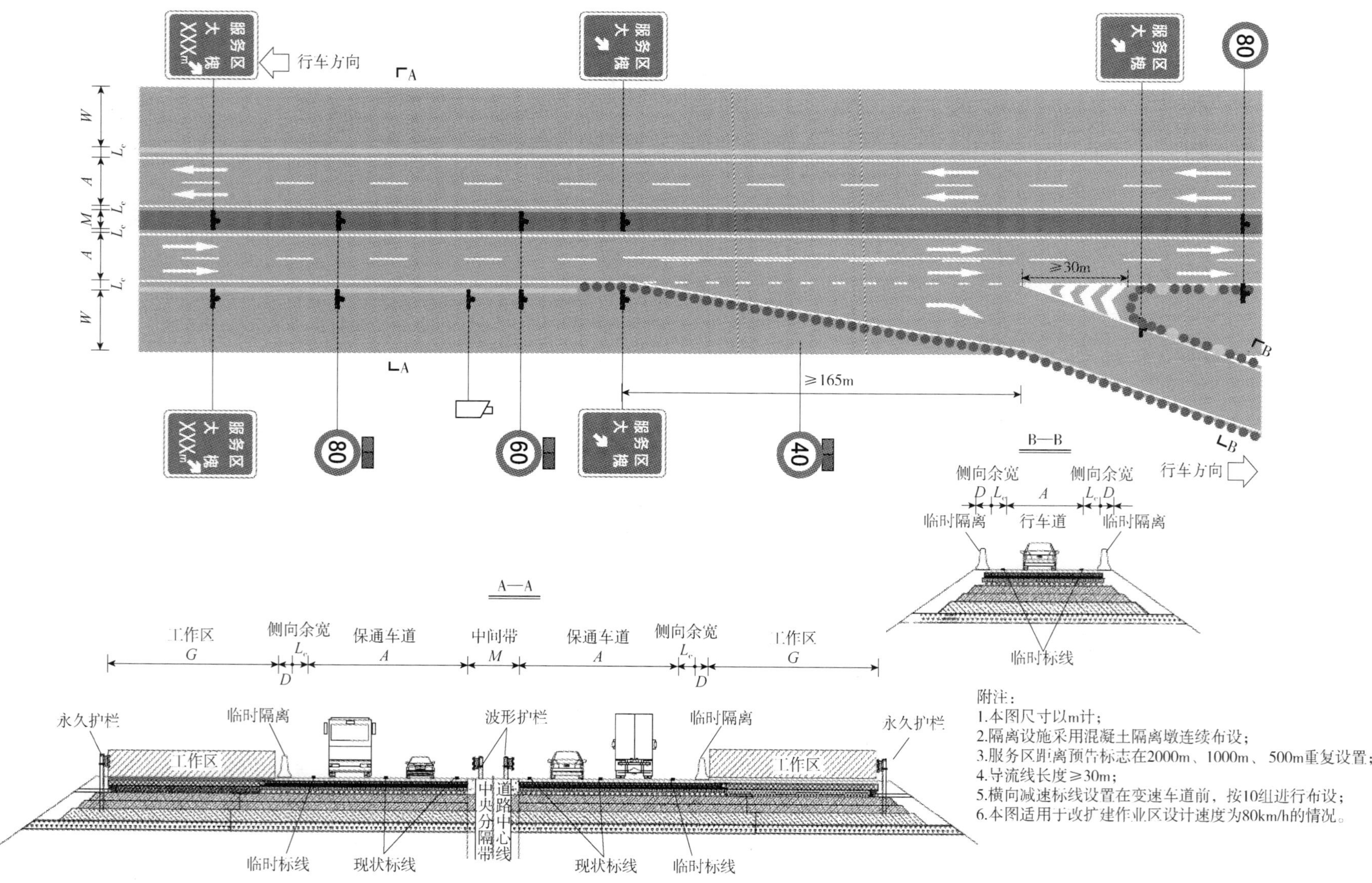

附注：
1.本图尺寸以m计；
2.隔离设施采用混凝土隔离墩连续布设；
3.服务区距离预告标志在2000m、1000m、500m重复设置；
4.导流线长度≥30m；
5.横向减速标线设置在变速车道前，按10组进行布设；
6.本图适用于改扩建作业区设计速度为80km/h的情况。

图B.9 服务区入口（立交出口）临时匝道交通组织示意图

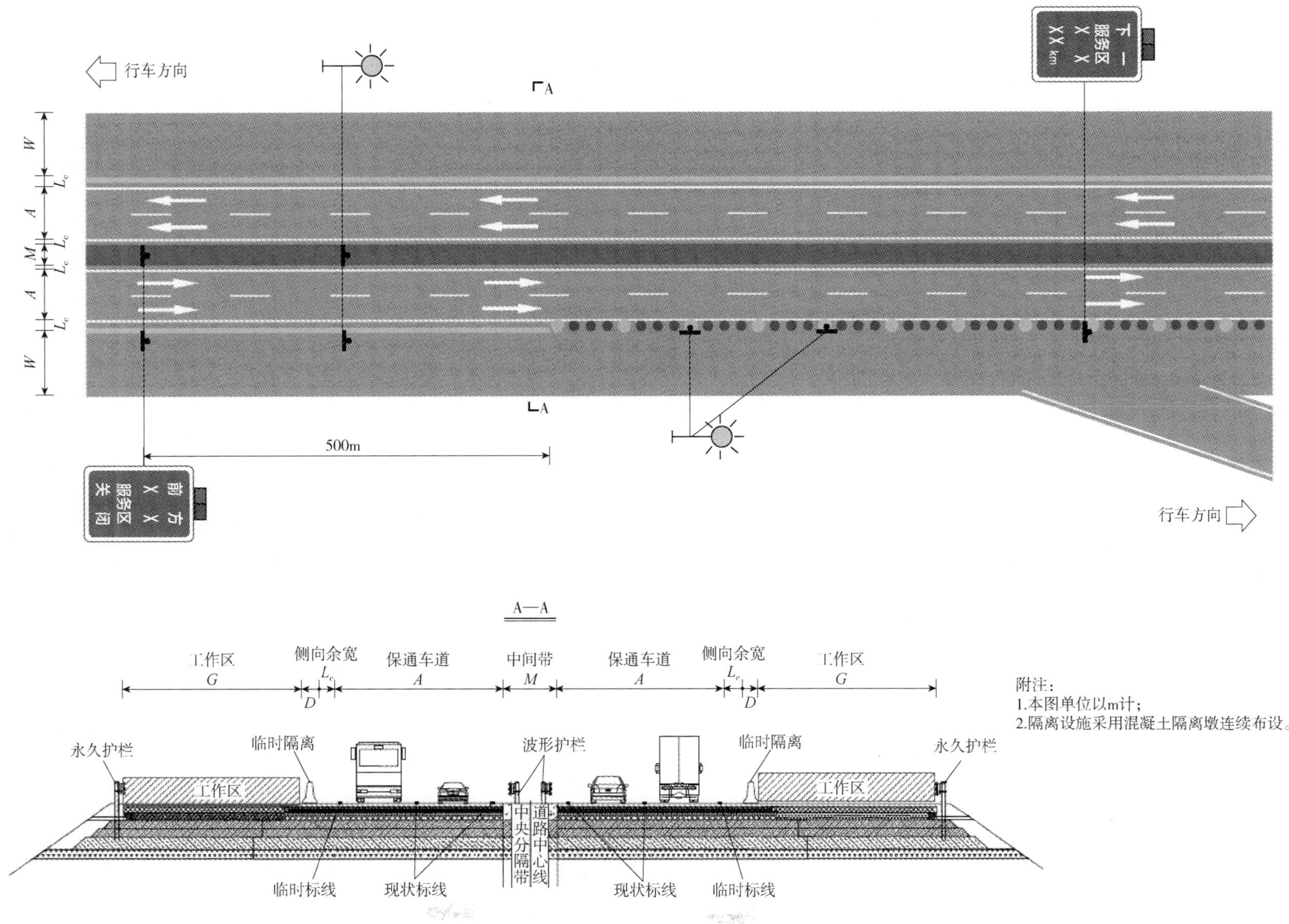

附注：
1.本图单位以m计；
2.隔离设施采用混凝土隔离墩连续布设。

图B.10　服务区入口（立交出口）封闭施工改扩建交通组织示意图

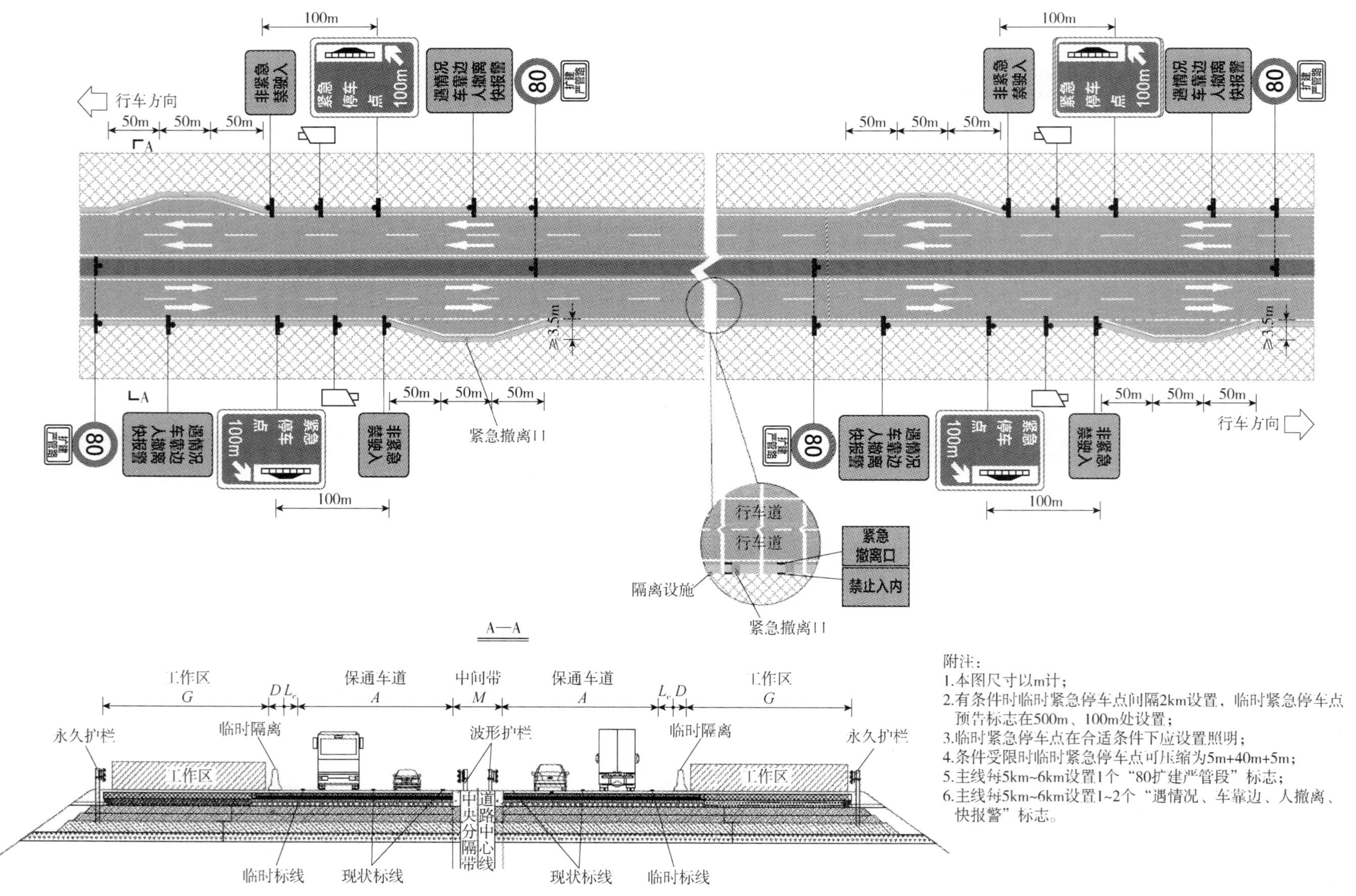

附注：
1.本图尺寸以m计；
2.有条件时临时紧急停车点间隔2km设置，临时紧急停车点预告标志在500m、100m处设置；
3.临时紧急停车点在合适条件下应设置照明；
4.条件受限时临时紧急停车点可压缩为5m+40m+5m；
5.主线每5km~6km设置1个“80扩建严管段”标志；
6.主线每5km~6km设置1~2个“遇情况、车靠边、人撤离、快报警”标志。

图B.11　改扩建双向通行一般路段紧急停车点交通组织示意图

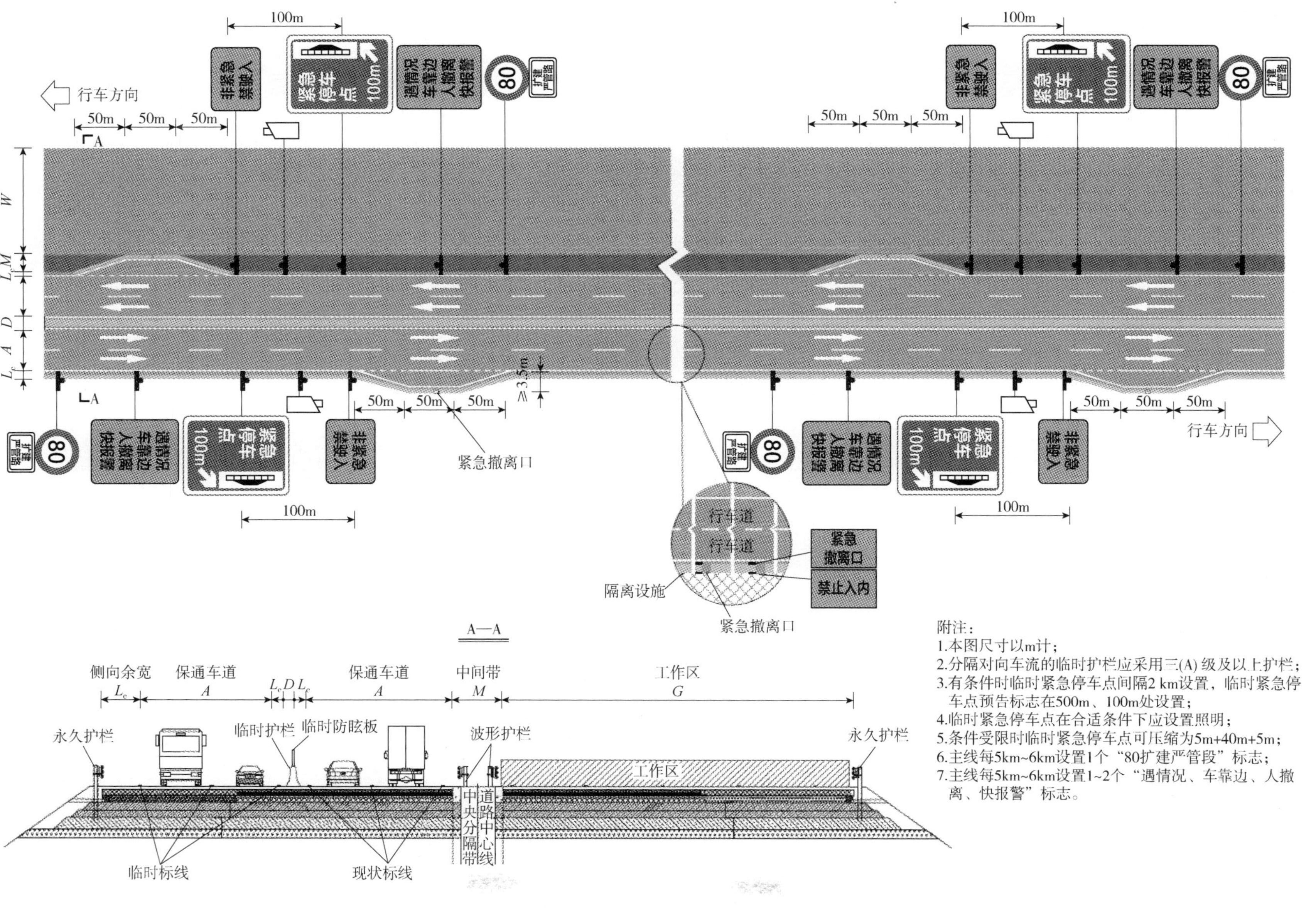

附注：

1.本图尺寸以m计；

2.分隔对向车流的临时护栏应采用三(A)级及以上护栏；

3.有条件时临时紧急停车点间隔2 km设置，临时紧急停车点预告标志在500m、100m处设置；

4.临时紧急停车点在合适条件下应设置照明；

5.条件受限时临时紧急停车点可压缩为5m+40m+5m；

6.主线每5km~6km设置1个“80扩建严管段”标志；

7.主线每5km~6km设置1~2个“遇情况、车靠边、人撤离、快报警”标志。

图B.12　改扩建单幅双向通行一般路段紧急停车点交通组织示意图

参 考 文 献

[1] 交公路发〔2007〕358 号《公路工程基本建设项目设计文件编制办法》
[2] 交应急发〔2017〕135 号《公路交通突发事件应急预案》
[3] 交应急发〔2017〕135 号《公路运输综合应急预案》